LEÇONS

POUR DES ENFANS,

De l'Age de deux jusqu'à cinq Ans.

OUVRAGE EN DEUX PARTIES.
Traduit de l'Anglois de M^de BARBAULD,
Par M. PASQUIER.

TOME PREMIER.

LONDON;
PRINTED FOR DARTON, AND HARVEY, N°. 55,
GRACECHURCH-STREET.

MDCCXCIII.

ADVERTISEMENT.

THE Usefulness of the following little Work published by Mrs. Barbauld in English for the Instruction of Children from two to five Years old, hath induced me to translate it into a Language, which now forms an essential Branch of the Education of the Youth of Great Britain. I considered, it would not be less useful in leading Children to a Knowledge of the French Tongue.

Intending this Translation also for the Instruction of French Youth, I found it necessary to make some slight alterations in the English Work, by suppressing what hath a Relation only to England and substituting in its place things that have a Relation to France. It appeared also more convenient to compress the four volumes into two: but

ADVERTISEMENT.

but I have followed the same Form, and Division of Sentences as in the original, as it appeared to me to contain in every respect the advantages requisite to facilitate the instruction of young beginners.

In this view I presume to offer it to the public, hoping it may be of considerable Use to young Children.

After I had put my Manuscript into the Hands of the Printer, I accidentally discovered that the first Part of the same Work had been translated by another hand, under the Title of Le Petit Louis &c. but on further inquiry I found that it only extended to the first part, I therefore saw no injustice or impropriety in continuing the publication of my own,

A
MADEMOISELLE GURNEY.

MADEMOISELLE,

LE défir que vous m'avez temoigné d'avoir la traduction Françoife de ce petit ouvrage, m'a fait une loi d'en hâter la publication, dont je prends la la liberté de vous faire l'hommage, comme une foible marque de mon refpect particulier pour vous et votre refpectable famille; j'ofe me flatter que vous ne le dédaignerez pas; et que vous

voudrez

voudrez bien être persuadée de mon désir sincère de coopérer, par ce moyen, à l'instruction de vos jeunes frères et sœurs, dont le destin a voulu vous rendre en quelque façon la directrice.

J'ai l'honneur d'etre avec respect,

Mademoiselle,

Votre très humble,
et très obeissant Serviteur,

PASQUIER.

LEÇONS

POUR DES ENFANS,

DE DEUX A TROIS ANS.

VENEZ ici Charles,
 Venez à Maman.
Depêchez-vous.
Asseyez-vous sur les genoux de
 Maman.
Allons, lisez.
Où est l'épingle pour montrer ?
La Voici
Ne déchirez pas le livre.

Il n'y a que les mauvais garçons qui déchirent les livres.

Charles aura une jolie leçon nouvelle.

Epelez ce mot là. Bon garçon.

Maintenant, allez jouer.

Où eſt minette?

Elle eſt ſous la table.

Vous ne pouvez pas attraper minette.

Ne la tirez pas par la queue, vous lui faites du mal.

Careſſez pauvre minette. Vous la careſſez à rebrouſſe poil, voilà la la manière.

Mais minette, pourquoi avez-vous tué le lapin?

Vous devez attraper les souris; et ne pas tuer les lapins.

Eh bien, que dites-vous, avez-vous tué le lapin?

Pourquoi ne parlez-vous pas, minette?

Les chats ne peuvent pas parler.

Charles, voulez-vous donner à manger aux poulets?

Voilà du grain pour les pigeons, oh! les jolis pigeons!

LE soleil luit; ouvrez les yeux petit garçon, levez-vous.
Marie, venez habiller Charles.
Descendez, demandez à déjeuner.
Faites bouillir du lait pour le petit garçon qui a bien faim.
Ne renversez pas le lait.
Tenez votre cuillière de l'autre main.
Ne jetez pas votre pain par terre.
Le pain doit être mangé, il ne faut pas le jeter.
Le bled fait du pain.

Le

(5)

Le bled croit dans les champs.
L'herbe croit dans les champs.
Les vaches mangent de l'herbe, les moutons mangent de l'herbe, et les chevaux mangent de l'herbe.
Les petits garçons ne mangent pas d'herbe, ils mangent du pain et du lait.

PAPA,

PAPA, où est Charles?
Ah! où est le petit garçon?
Papa ne peut pas trouver le petit bon homme, soyez tranquille.
Ne remuez pas.
Ah! le voilà. Il est sous le tablier de Maman,
Courez à cheval sur la canne de Papa.
Voici un fouet. Fouettez-le.
Allez vite, Dada.
Venez donner trois baisers à Maman.

Un,

Un, deux, trois.

Les petits garçons doivent toujours venir quand leur Maman les appelle.

Mouchez-vous.

Voila un mouchoir.

Venez que je vous peigne.

Tenez-vous tranquille.

Voici la trousse, tenez-la.

Votre fourreau est détaché.

Aggraffez mon soulier, je vous prie.

On frappe à la porte.

Ouvrez la porte.

Entrez.

Prenez

Prenez une chaise.

Asseyez-vous.

Approchez du feu.

Comment vous portez-vous?

Fort bien.

Apportez du charbon. Faites bon feu.

Balayez le foyer.

Où est le balai?

Ne vous tenez pas debout sur le foyer.

Ne touchez pas à l'encrier.

Regardez, vous avez mis de l'encre à votre fourreau.

Voila

Voilà une ardoise pour vous, et un crayon.

Maintenant, asseyez-vous sur le tapis, et écrivez.

Qu'est-ce que c'est que ce petit bâton rouge luisant ?

C'est de la cire à cacheter.

Pour quel dessein ?

Pour cacheter des lettres.

Je veux avoir la montre de papa.

Non, vous casseriez le verre. Vous l'avez déja cassé une fois.

Vous pouvez la regarder.

Mettez-la à votre oreille.

Que

(10)
Que dit-elle?
Ticque, ticque, ticque.

Voila

Voila un joli papillon. Allons, l'atrapperons-nous?

Papillon, où allez-vous?

Il est envolé par deſſus la haie.

Il ne veut pas que nous l'atrappions.

Voila une abeille qui ſuce une fleur.

L'abeille piquera t-elle Charles?

Non, elle ne vous piquera pas ſi vous la laiſſez tranquille.

Les abeilles font la cire et le miel.

Le miel eſt doux.

Charles

Charles aura du miel et du pain pour souper.

Les chenilles mangent les choux.

Voilà un pauvre limaçon qui grimpe sur la muraille.

Touchez-le avec votre petit doigt.

Ah! le limaçon est rentré dans sa coquille.

Sa coquille est sa maison. Bonsoir limaçon.

Laissez-le tranquille et bientôt il ressortira.

JE

JE voudrois diner, je voudrois du poudin.

Il n'est pas encore prêt.

Il sera bientôt prêt, alors Charles aura son diner.

Mettez le couvert.

Où sont les couteaux, les fourchettes et les assiettes ?

La cloche sonne, servez le diner.

Puis-je avoir de la viande ?

Non, la viande n'est pas bonne pour les petits garçons.

Voilà du poudin de pommes pour

vous, des pommes deterre, des feves, des carottes, des navets, du poudin de ris et du pain,
Voilà des cerises.
N'avalez pas le noyau.
Je voudrois du vin.
Quoi, du vin pour des petits garçons! je n'ai jamais entendu pareille chose. Non, vous ne devez pas avoir de vin, voici de l'eau.
Ne vous tenez pas si près du feu.
Allez d'un autre coté.
Ne marchez pas sur le tablier de maman.

maman.

Allez vous en, à présent, je suis occupée.

Charles

Charles à quoi servent les yeux ?
Pour voir.
A quoi servent les oreilles ?
Pour entendre.
A quoi sert la langue ?
Pour parler.
A quoi servent les dents ?
Pour manger.
A quoi sert le nez ?
Pour sentir.
A quoi servent les jambes ?
Pour marcher.
Ne vous faites donc pas porter par maman.

maman. Marchez tout seul.
Vous avez deux bonnes jambes.
Voulez-vous sortir?
Allez chercher votre chapeau.
Allons dans les champs pour voir les moutons, les agneaux, les vaches, les arbres, les oiseaux et l'eau.
Voilà un homme à cheval.
Où allez vous?
Il ne fait pas attention à nous, il s'en va.
A présent il est bien loin.
Maintenant nous ne pouvons plus

plus le voir.

Voilà un chien. Le chien aboye.

Eh bien ! n'ayez pas peur, il ne vous fera pas de mal.

Venez ici, petite chienne.

Laiffez-lui lécher votre main, pauvre Flore !

Charles eft fatigué, retournons- au logis.

L'encre

L'encre est noire, et les souliers de
 papa sont noirs.
Le papier est blanc, et le fourreau
 de Charles est blanc.
L'herbe est verte.
Le ciel est bleu.
Les souliers de Charles sont rouges
 Les jolis souliers rouges!
La primevere est jaune.
La table est brune.
Blanc, noir, rouge, vert, bleu, jaune,
 brun.

Donnez

Donnez-moi un raisin, je vous prie.

En voilà un,

Un autre.

Le voilà. Un, deux.

Donnez-m'en beaucoup; j'en veux dix.

En voilà dix. Un, deux, trois, quatre, cinq, six, sept, huit, neuf, dix.

A préfent que voulez-vous faire de tous ces raisins? donnez-en à Guillot et à sœur Sara.

Bon garçon!

Voilà une épingle.

Remaffez-

Ramassez-la, donnez-la à maman.

Oh! ne la mettez pas dans votre bouche, c'est une très mauvaise habitude.

Piquez-la sur la pelote.

Cherchez le corbillon.

Ne vous asseyez pas dessus, vous le casserez ; asseyez-vous sur votre petit tabouret.

Maman, que faites-vous ?

Je fais un fourreau pour le petit Charles.

Quittez votre ouvrage, maman, et jouez avec moi.

C'est

C'est l'hiver à present, le froid hiver.
Il y a de la glace sur l'etang.
Il grêle.
Il neige.
Voulez-vous courir dans la neige?
Allez donc,
Faisons des boules de neige.
Jolie neige, comme elle est blanche et qu'elle est molle!
Apportez de la neige auprès du feu.
Voyez comme elle fond, elle est toute fondue. ce n'est plus que de l'eau.

Nous

Nous-promenerons-nous ?
Non, il fait trop crotté.
Quand Charles sera grand garçon, il aura des culottes et une petite paire de bottes, alors il pourra aller dans la crotte ; il aura un petit cheval, une selle, une bride et un fouet, et il pourra courir avec papa.
Quand le printems reviendra, il y aura des fleurs, des marguerites, des œillets, des violettes, des roses, il y aura de jeunes agneaux,

et

et il fera un tems chaud.

Revenez printems,

Il pleut à verse.

Voyez comme il pleut.

Les canards aiment la pluie.

Les canards nagent. Les oies nagent.

Les poulets ne nagent pas.

Charles sait-il nager?

Non.

Si Charles va dans l'eau, il se noyera.

Vous apprendrez à nager quand vous serez aussi grand que Guillot.

Servez

Servez le thé.
Apportez le lait du petit garçon.
Où est le pain et le beurre?

Où sont les roties et la galette?
Voilà du pain pour vous.
Les petits garçons ne mangent pas
   de beurre.
Trempez le pain dans votre thé.
Le thé est trop chaud, ne le buvez
   pas encore.
Attendez un peu.
Versez-le dans votre soucoupe.
Le sucre n'est pas fondu.

~~Quelle est~~ *qui est* cette dame ?

Ne la connoiſſez-vous pas ?

Allez l'embraſſer.

Otez votre chapeau.

Perſonne ne porte le chapeu dans la maiſon.

Les chapeaux ne ſervent que pour ſortir.

Prenez-moi ſur vos genoux.

Venez donc.

Aimez vous maman

Pauvre maman !

Charles

Charles est tombé.

Relevez-vous donc.

Ce n'est rien.

Qu'avez-vous au bras ?

Minette m'a égratigné.

Pauvre bras ! que je le baise.

Le voilà guéri.

Minette ne l'a pas fait exprès, c'etoit en jouant.

J'ai heurté ma tête contre la table, méchante table !

Non, pas méchante table, mais garçon étourdi.

La table n'a pas couru contre Charles, c'eſt Charles qui a couru contre la table.

La table eſt reſtée à ſa place.

Je

Je viens d'entendre pleurer quelqu'un, je voudrois savoir qui?

C'etoit quelque méchant garçon je pense?

Les bons garçons ne pleurent pas.

Les petits enfans qui ne peuvent pas parler, ni courir ne font que pleurer.

Charles etoit un petit enfant autre fois, il etoit dans un berçeau.

Alors je pleurois.

Oui, mais à present vous ne devez pas pleurer, vous êtes un petit garçon

garçon maintenant qui courez à cheval sur un bâton.

Voilà Babet revenue de la foire.

Qu'a-t-elle acheté?

Elle a apporté à Charles un fusil, une épée, un marteau et du pain d'épice.

Elle est bien bonne.

Je vous remercie, Babet.

Il faut porter votre épée au coté.

Chargez votre fusil.

A présent tirez. Pouf!

Ne mangez pas tout le pain d'épice à présent.

Il vous rendroit malade.
Donnez-m'en, que j'en garde pour demain.
Je le mettrai dans l'armoire.
Votre visage est malpropre.
Allez le faire laver.
Allez faire laver vos mains.
A préfent vous etes un garçon propre.

Ah!

Ah! voilà de l'argent. Qu'est-ce que c'est que cela ?

C'est de l'or, c'est une guinée,

Ce qui est blanc, c'est de l'argent; voilà une couronne, voilà une demi couronne, voilà un chelin, voilà six sous.

Nous ferons glisser la demi couronne sur la table.

Elle est tombée.

Ramassez-la.

Voilà un sou pour vous.

Je veux des guinées.

Non, maman garde les guinées pour acheter

acheter du bœuf, du mouton &c.
Il y a un pauvre petit garçon à la porte, il n'a pas d'argent ni rien à manger. Lui donnerons-nous un sou?

Oui.

Allez donc le lui donner.

Il fait nuit.

Apportez des chandelles.

Mouchez les chandelles.

Fermez les volets.

Ne les fermez pas encore.

Regardez la lune.

Oh brillante lune! jolie lune!

La lune éclaire la nuit quand le soleil est couché.

Le soleil est-il couché?

Il est donc tems pour les petits garçons d'aller coucher.

Les poulets sont allés coucher, les petits

petits oiseaux sont allés coucher, le soleil est allé coucher, et il faut que Charles aille coucher.

Le pauvre petit garçon est endormi.

Je crois qu'il faut que nous le portions en haut.

Otez-lui les souliers.

Otez-lui ~~son~~ fourreau et ~~son~~ jupon.

Mettez-lui ~~son~~ bonnet de nuit.

Couvrez-le.

Mettez sa petite tête sur l'oreiller.

Bon soir. Fermez les yeux.

Dormez.

Fin de la premiere partie.

LEÇONS

POUR DES ENFANS,

DE TROIS ANS.

Bon jour, petit bon-homme ! comment vous portez-vous ? apportez votre petit tabouret, et asseyez-vous près de moi, car j'ai beaucoup de choses à vous dire. J'espère que vous avez été bon garçon, et que vous avez lu tous les jolis mots que j'avois écris pour vous. Oui, sans doute, dites-vous;

vous; vous les avez lus et relus, et vous avez besoin de quelques nouvelles leçons? asseyez-vous donc, vous et moi, nous jaserons.

Quel

Quel jour est-ce aujourd'hui, Charles?
Aujourd'hui c'est Dimanche.
Quel jour sera-ce demain?
Demain sera Lundi.
Quel jour sera le suivant?
Le suivant sera Mardi.
Et le jour suivant?
Mercredi.
Et le suivant?
Jeudi.
Et le suivant?
Vendredi.

Et le fuivant?

Samedi.

Et quel jour viendra après Samedi?

Alors ce sera Dimanche qui reviendra.

Dimanche, Lundi, Mardi, Mercredi, Jeudi, Vendredi, et Samedi. Cela fait fept jours, et fept jours font?

Une femaine.

Et combien font quatre femaines?

Un mois. Et douze mois font un an—Janvier, Fevrier, Mars, Avril, Mai, Juin, Juillet. Aouft, Septembre,

Septembre, Octobre, Novembre, Decembre.

———

Janvier est très froid; il neige. Il gèle. Il n'y a pas de feuilles sur les arbres. L'huile est gelée, le lait est gelé, la rivière, tout est gelé.

Tous les garçons glissent: il faut apprendre à glisser. Voilà un homme qui patine. Comme il va vite! Vous aurez une paire de patins. Prenez garde! Il y a un trou dans la glace. Rentrez. Il est

est quatre heures. Il fait nuit. Antoine, allumez les chandelles, apportez du bois et du charbon, et faites bon feu.

———

Fevrier est aussi très froid, mais les jours sont plus longs, et l'écorce des arbres est couverte d'une mousse jaunatre qui annonce la végétation, et sur les branches il y a des petits boutons blancs qui commencent à paroitre. Que cette tige verte, garnie de boutons blancs est jolie ! puis-je la cueillir ? Oui, vous le pouvez;
mais

mais-il faut toujours demander permission avant de cuellir une fleur. Quel bruit font les corbeaux! Coua, coua, coua; et combien ils font occupés! Il vont bâtir leurs nids. Voila un homme qui laboure un champ.

Nous

Nous sommes en Mars. A présent il fait du vent. Il soufflera peutêtre assez fort pour emporter un petit garçon comme vous! Voila un arbre renversé!

Voila de jeunes agneaux. Pauvres petits! comme ils se cramponent sous la haie. Quelle est cette fleur? Une primevère.

Avril

Avril est venu, et les oiseaux chantent, les arbres sont en boutons, les fleurs poussent, et le soleil luit. A présent il pleut. Il pleut, et le soleil luit? Voilà un arc-en-ciel. Oh, les belles couleurs! joli arc-en-ciel! Vous ne pouvez plus le voir, il est dans les nues. Il s'en va. Il s'efface. Il est tout-à-fait disparu. J'entends le coucou. Il dit coucou, coucou. Il vient nous dire que c'est le printems.

Nous

Nous voila en Mai. Oh le joli mois de mai! allons promener dans les champs. L'aubépine est en boutons. Allons-en cueillir sur les haies. Voila des marguerites, des primevères et des renoncules. Nous ferons un bouquet. Voila un brin de fil pour l'attacher. Sentez, le il est très odoriférant. Queft-ce que Guillot a trouvé? il a trouvé un nid de jeunes oifeaux. Il a grimpé sur un grand arbre pour l'avoir. Pauvres petits oifeaux!

ils

ils n'ont pas de plumes. Tenez-les chaudement. Il faut leur donner à manger avec une plume. Il faut leur donner du pain et du lait. Ce font de jeunes chardonnerets. Ils feront très jolis quand ils auront la tête rouge et les ailes jaunes. Ne les laiffez pas mourir. Papa et maman feront fâchés très fi les petits oifeaux viennent à mourir. Oh ne mangez pas des grofeilles vertes ! elles vous rendroient malade.

Juin

Juin est venu. Levez-vous! il ne faut pas rester si longtems au lit à présent; il faut vous lever de bonne heure, et vous promener avant déjeuner. Quel bruit est-ce là? C'est le faucheur qui aiguise sa faux. Il va couper l'herbe, et il coupera toutes les fleurs aussi. Oui, tout. La faux est trés affileé. N'allez pas auprès, elle vous couperoit les jambes. A présent il faut faire le foin. Où est votre fourche et votre rateau? Etendez le foin. A présent

sent-mettez le en meule. Jettez-
vous sur la meule de foin. Couvrez
le petit garçon de foin. Que l'odeur
du foin est agréable! Oh, il fait
très chaud! N'importe, il faut
faire le foin pendant que le soleil
luit. Il faut bien travailler. Voyez,
tous les petits garçons et les filles
sont à l'ouvrage. Ils auront du
pain, du fromage et de la bierre,
A présent mettez le foin dans la charette. Voulez-vous courir dans la
charette? Le foin servira de nourriture au cheval de papa cet hiver
quand il n'y aura plus d'herbe.

F   Aimez

Aimez-vous les fraises avec de la crême? Allons cueillir des fraises, elles sont mûres à présent. En voilà une très grosse, elle est presque trop grosse pour entrer dans votre bouche. Cuillez-moi une grappe de groseilles. Séparez-les de la tige. Les oiseaux ont bequeté toutes les cerises. Où est Charles? Il est assis sous un rosier.

Juillet

Juillet est très chaud en vérité, et l'herbe et les fleurs sont toutes séchées, car il n'a pas plu depuis longtems. Il faut arroser votre jardin, sinon les plantes mourront. Où est l'arrosoir? Allons sous les arbres il y a de l'ombre là, il ne fait pas si chaud. Entrons dans le berceau. Voila une abeille sur un chevre-feuille. Elle cueille le miel et le portera à la ruche. Voulez-vous allez vous baigner? Voila une piece d'eau. Elle n'est pas profonde

fonde. Déshabillez-vous. Sautez dedans. N'ayez pas peur. Plongez votre tête dans l'eau. A présent vous avez été assez de tems dans l'eau, sortez et laissez-moi vous sécher avec ce linge.

———

Nous voila en Aoust. Allons dans les champs voir si le bled est assez mûr. Oui, il est tout-à-fait brun, il est mûr. Fermier Diggory! il faut apporter une faucille aiguisée pour couper le bled, il est mûr. Mangez-en, Charles; frottez-le dans vos

vos mains. Cela est un grain de bled; cela est l'épi; la tige fait la paille. A présent il faut le lier en gerbes, puis aprés rassembler beaucoup de gerbes et en faire un tas. Mettez-le dans la charette, fermier Diggory! et portez-le dans votre grange pour faire du pain. Chantez, la moisson est finie. Voila une pauvre vielle femme et une pauvre petite fille presque nues qui ramassent quelques épis de bled, elles glanent. Donnez leur en une poignée, Charles. Prenez-la, pauvre femme!

femme! elle vous aidera à faire un pain. Pauvre femme! elle est très vielle, elle ne peut marcher, elle est fatiguée de se baisser.

C'est Septembre. Ecoutez! quelqu'un a tiré un coup de fusil. On tue les pauvres oiseaux! En voilà un renversé justement à vos pieds. Il est tout sanglant. Comme il s'agite. Son aile est cassée. Il ne peut voler plus loin. Il va mourir. Quel oiseau est-ce? C'est une perdrix. N'êtes-vous pas fâché, Charles!

Charles? elle étoit bien vivante il y a peu de tems.

Apportez l'échelle et pofez-la contre l'arbre. Maintenant apportez un panier, allons cueillir les pommes. Non, vous ne pouvez pas monter à l'échelle ; prenez un petit panier et ramaffez les pommes fous l'arbre. Secouez l'arbre. Les pommes tombent. Combien en avez-vous? Nous aurons un poudin de pommes. Allons aidez-nous à porter les pommes dans le fruitier. Les pommes fervent à faire
le

le cidre. Vous aurez un paté de poires pour souper. Sont-ce là des pommes ? Non, ce sont des coings, pour faire une marmelade.

Octobre est venu, Charles; et les feuilles tombent des arbres, et il n'y a plus de fleurs. Cependant voila un souci d'afrique, une étoile de chine, et une marguerite d'automne. Voulez-vous des noisettes ? Cherchez le casse-noisette. Pelez cette noix. Je vous ferai un petit bateau avec une coquille de noix. Il faut que

que nous cueillions le raisin, sinon les oiseaux le mangeront tout. Voila une grappe de raisins noirs. En voila une de blancs. Laquelle voulez-vous? Le raisin sert à faire le vin.

Quel oiseau avez-vous trouvé là? il est mort, mais il est très joli. Il a l'œil de couleur écarlate et les plumes de couleur verte, rouge, et pourpre. Il est très gros. C'est un faisan. Il est très bon à manger. Nous le plumerons et nous dirons à Babet de le faire rotir. Voila un lievre lièvre aussi. Pauvre bête! les chiens l'ont attrappé.

Le triste et sombre mois de Novembre est arrivé. Plus de fleurs! plus d'agréables clartés de soleil! plus de fanaison! Le ciel est très noir: il pleut à verse. Eh bien! n'importe. Nous nous asseyerons près du feu, nous lirons, nous jaserons et nous regarderons des images. Où sont Guillot, Henry, et la petite Babet? maintenant, dites-moi qui de vous trois peut épeler le mieux? Bons enfans!

enfans! Voila un habile garçon!
vous aurez tous des gateaux.

―――

Nous voila en Decembre,
noël vient, et Babet est très occupée. Que fait-elle? Elle pèle
des pommes, hache de la viande,
et pile des épices. Pourquoi donc
faire? C'est pour faire des petits
pâtés? Oh, ils sont fort bons!
Les petits garçons reviennent de
l'école à noël. Envelopez-les, je
vous prie, bien chaudement, car il
fait tres froid. Courage, le printems
reviendra bientôt.

Combien

Combien avez-vous de doigts, petit garçon?

J'ai quatre doigts à cette main; et comment appellez-vous cela? Un pouce. Quatre doigts et le pouce cela fait cinq, et combien en avez-vous à l'autre main?

J'en ai cinq auſſi.

Qu'elle eſt cette main?

C'eſt la main droite.

Et celle-ci?

C'eſt la main gauche.

Combien avez-vous de doigts aux pieds? comptons.

Cinq

Cinq à ce pied et cinq à l'autre.

Cinq et cinq font dix : dix doigts de main et dix de pied.

Combien avez-vous de jambes ?

En voila une et voila l'autre Charles a deux jambes.

Combien de jambes un cheval a-t-il ?

Un cheval a quatre jambes.

Et combien un chien en a-t-il ?

Quatre : une vache en a quatre ; un mouton en a quatre ; et minette a aussi quatre jambes.

Et les poulets, combien en ont-ils ? Allez voir.

Les poulets n'ont que deux jambes.

Et les linottes, les rouge gorges et tous les autres oiseaux n'ont que deux jambes; mais ils ont des ailes pour voler, et ils volent très haut dans l'air.

Charles n'a point d'ailes.

Non, parceque Charles n'est pas un oiseau.

Charles a des mains. Les vaches n'ont point de mains, ni les oiseaux non plus.

Les

Les oiseaux ont-ils des dents? Non, ils n'en ont point.

Comment mangent-ils leur nourriture, donc?

Les oiseaux ont un bec. Regardez les poulets, ils ramaffent le grain avec leur petit bec. Voyez comme ils font prompts à le ramaffer.

La bouche de Charles eft molle; et le bec des poulets eft dur comme un os.

Combien de jambes les poiſſons ont-ils ?

Les poiſſons n'ont point de jambes.

Comment marchent-ils donc ?

Ils ne marchent pas ; ils nagent dans l'eau ; et ils vivent toujours dans l'eau.

Charles ne pourroit vivre ſous l'eau.

Non, parceque Charles n'eſt pas un poiſſon.

Voilà un poiſſon que quelqu'un a peché.

a pêché. Pauvre petit poisson! jettez-le sur l'herbe. Voyez comme il se débat! Il a un hameçon dans l'ouie. Prenez-le par la queue. Il est glissant. Vous ne pouvez le tenir. Voyez, voila, ses nageoires, il a des écailles, et des dents aigues. Il sera bientôt mort. Il va mourir. Il ne peut plus se remuer. A présent il est tout-à-fait mort. Le poisson meurt quand il est hors de l'eau, et Charles mourroit s'il restoit dans l'eau.

Qu'eſt-ce que Charles a pour le tenir chaud?

Charles a un fourreau et un jupon bien chauds.

Et les pauvres moutons qu'ont-ils; ont-ils des jupons?

Les moutons ont une laine épaiſſe et chaude. Tâtez-la. Oh! c'eſt tres confortable! C'eſt la leur jupon.

Et les chevaux qu'ont-ils?

Les chevaux ont de longs poils et les vaches auſſi.

Et

Et les oiseaux qu'ont-ils ?

Les oiseaux ont des plumes molles, propres, et luisantes.

Les oiseaux bâtissent des nids dans les arbres, c'est là leur maison.

Le loup a un repaire; c'est sa maison.

Le chien a un chenil.

Les abeilles demeurent dans une ruche.

Les cochons demeurent dans une étable.

Pouvez-vous grimper sur un arbre ?

Non,

Non,

Mais il faut l'apprendre auffitôt que vous aurez des culottes.

Minette peut vous inftruire; elle fait grimper. Voyez, comme elle grimpe vite! Elle eft au haut. Elle veut attraper des oifeaux. Minette ne prenez pas les petits oifeaux qui chantent fi gaiement. Elle a un pierrot dans la gueule. Elle l'a tout mangé. Non, voila encore deux ou trois plumes toutes fanglantes parterre. Pauvre pierrot.

Le

Le chien aboye. Le cochon grogne. Le cheval hennit. Le coq chante. L'ane brait. Le chat file. Les petits chats miaulent. Le taureau beugle, La vache meugle. Le veau bele. Le mouton bele. Le lion rugit. Le loup hurle. Le tygre gronde. Le renard glapit. Les souris crient. La grenouille croasse. Le pierrot appelle. L'hirondelle gazouille, Le corbeau croace. Le pigeon gémit. Le paon cier. Le cerf-volant bourdonne.

La

La fauterelle apelle. Le canard crie. L'oie crie. Les singes babillent. La fréfaie crie. Le serpent fiffle. Charles parle.

———

Les oiseaux de proie mangent les poulets.

Les araignées font des toiles pour attraper les mouches et les manger.

Les hiboux volent la nuit.

Les bouchers tuent les moutons.

Le charpentier fait des tables et des boites.

Vous aurez une boite avec une ferrure

ferrure et une clef.

Le charpentier se sert de la scie, du ciseau, de la plane, du perçoir du tourne-a-vis, de la cognée, de la filiere, de la vis depresse, des tenailles, du marteau, de clous et du maillet.

Le cheval de bois de Charles est cassé.

Eh bien, donnez le au charpentier pour qu'il le raccommode.

Charles est tombé et s'est cassé la tête.

Le donnerai-je au charpentier?

Non,

Non, innocent garçon! les charpentiers ne raccommodent point les têtes.

―――

Les cordonniers font les souliers.

Les vieilles gens portent des lunettes.

Les bons garçons aiment à lire.

Les barbiers rafent.

Venez papa! affeyez-vous; il faut vous rafer.

Voilà le favon, le bafin et le rafoir.

Barbier, ne coupez pas papa.

Irons-

(73)

Irons-nous dans le jardin voir les fleurs, les pommiers, et courir dans les allées?

Où est votre rouleau? Allons! roulez les allées.

Travaillez bien, et peut être je vous donnerai un demi sou par jour. Tout le monde travaille; mais les petits enfans, ne peuvent pas travailler.

Si vous etes bon garçon, vous vous aurez un petit jardin à vous, une bêche et une houe pour la-
bourer,

bourer, un rateau et une petite brouette; faites enforte que je ne voye aucunes mauvaifes herbes dans votre jardin, arrachez-les toutes. Il faut planter une petite haie autour de votre jardin, finon les cochons y entreront et le gâteront. Enfuite, il faudra que vous alliez au jardinier et que vous le priez de vous donner de la graine pour femer. Vous ferez un petit trou dans la terre, vous y mettrez de la graine que vous recouvrirez de terre et la graine pouffera. Voilà de la graine
de

de cresson et de moutarde, semez-la et nous aurons de la salade. Arrosez votre jardin. Charles, regardez ce groseillier; il n'etoit pas plus grand que cela quand nous l'avons planté, et à présent il est beaucoup plus grand; regardez comme il est haut.

Le groseillier grandit.

Charles grandit-il?

Oui; Charles, il y a quelque tems ne pouvoit pas toucher la table, et à présent il atteint beaucoup plus haut.

La table est-elle plus grande qu'elle n'étoit autrefois?

Non; la table ne grandit pas.

Charles, pourquoi la table ne grandit-elle pas?

Voilà une bête-à-Dieu sur une feuille. elle est rouge et a des taches noires. Ah! elle a des ailes. Elle est envolée. Voila un escarbot noir. Attrapez-le. Comme il coure vite. Où est-il allé? Dans la terre. Il fait un petit trou et s'enfonce dans la terre. Les vers vivent dans la terre.

Il fait très froid, Charles! Comment appelle-t-on, je vous prie, la saison où il fait si froid? Vous savez bien qu'on l'appelle hiver. Je m'etonne comment font les pauvres petits garçons qui n'ont pas de feu pour se chauffer, de-bas et des souliers pour leur tenir chaud, ni de bons papas et bonnes mamans pour prendre soin d'eux et les nourrir. Pauvres petits garçons! Ne pleurez pas, Charles, voila un sou, et quand vous verrez un de ces pauvres petits garçons, vous le lui donnerez:

il ira acheter un petit pain avec, car il a bien faim, et il vous dira, je vous remercie, Mr. Charles, de votre bonté pour moi!

Ecoutez, Charles, bientôt il fera beaucoup plus froid, et il tombera de la neige. Alors le joli petit rouge-gorge viendra voler proche des fenêtres. Ouvrez la fenêtre. Eh bien! que voulez-vous, petit? Un peu de mie de pain. Donnez lui de la mie de pain et il sautera, sautera autour de la chambre, il se perchera sur le haut de l'écran, et il chantera

chantera.—Oh! il chantera toute la journée. Ne le laiſſez pas prendre par ce méchant chat. Non, minet; vous ne mangerez pas pauvre robin, allez attraper des ſouris. Il y avoit ~~avoit~~ autrefois un cruel méchant garçon. Il faut que je vous raconte une hiſtoire à ſon ſujet.

Il y avoit un méchant garçon ; je ne sais pas quel etoit son nom, mais il ne s'appelloit pas Charles, ni George, ni Arthur, car tous ces noms-là sont très jolis, n'importe ; mais un rouge-gorge vint à sa fenêtre dans une matinée très froide. Il etoit à moitié mort de froid et de faim, il ne voulut pas lui donner le moindre petit morceau de pain, au contraire il le prit par la queue et le frappa si rudement qu'il le tua. Peu de momens après le papa et la maman du du méchant garçon fortirent, et le laiſſèrent à la maiſon, alors comme il n'etoit pas aſſez grand pour ſe ſervir lui-même, il s'adreſſa à tout le monde ainſi. Donnez-moi quelque choſe à manger, j'ai bien faim. Et tout le monde lui dit, nous ne vous donnerons rien, car nous n'aimons pas les petits garçons qui ſont méchans et cruels. Deſorte qu'il s'en fut d'une place à l'autre, juſquà ce qu'enfin il entra dans un bois ſi épais, qu'il ne put pas trouver de chemin. Le jour tomba, et il vint une nuit

nuit très obscure. Alors ne pouvant sortir du bois il s'assit par terre et semit à pleurer amèrement. Et alors je crois qu'il fut devoré par les ours, car je n'ai jamais entendu parler de lui depuis.

Je vous raconterai une autre histoire.

———

Il y avoit autrefois un petit garçon; il etoit bien jeune, car s'il eut été plus âgé, je suppose qu'il auroit été plus sage; enfin il n'etoit pas plus haut que cette table, que son papa et

(83)

et sa maman l'envoyoient à l'école. Un beau matin que le soleil luisoit et les oiseaux chantoient sur les arbres, ce petit garçon, qui n'aimoit pas beaucoup ses livres (car cétoit un mauvais petit garçon comme je je vous l'ai dit) Et qui aimoit mieux jouer que d'aller à l'école, vit une abeille voltigeant de fleur en fleur; il lui dit, jolie abeille! Voulez-vous venir jouer avec moi? Mais l'abeille répondit, Non; je ne veux pas être paresseuse, il faut que je cueille du miel. Alors le petit garçon

çon rencontra un chien et lui dit, chien! veux-tu jouer avec moi? Mais le chien répondit, Non; je ne veux pas être paresseux, je vais attraper un lièvre pour le diner de mon maitre, il faut que je me depêche. Ensuite le petit garçon fut auprès d'une meule de foin, où il vit un petit oiseau qui arrachoit quelques brin de foin de la meule et il lui dit, oiseau! voulez vous jouer avec moi? Mais l'oiseau répondit, Non; je ne veux pas être paresseux, il faut que j'amasse du foin, de la mouse mouſſe et de la laine pour faire mon nid, et il s'envola. Le petit garçon vit un cheval et lui dit, cheval! voulez-vous jouer avec moi? Mais le cheval repondit, Non; je ne veux pas être pareſſeux, il faut que je laboure, ſinon il n'y aura pas de grain pour faire du pain. Alors le petit garçon ſe dit à lui-même, quoi! perſonne n'eſt pareſſeux. Les petits garçons ne doivent donc pas l'être non plus. Ainſi, il ſe depêcha de retourner à l'école et de bien apprendre ſa leçon; et le maitre

I dit

dit que depuis il fut très bon garçon.

Adieu ! bon soir.

Fin de la seconde partie.

ERRATA.

Vol. I.

Page 34 line 8 *for* louchez *read* mouchez
 47   9 *for* fachés très *read* très fâchés
 54   7 *for* pauvre *read* pauvres
 58   1 *for* aufi *read* aussi
 69   13 *for* crer *read* crie
 71   14 *for* le *read* la
 76   13 *for* s'enforce *read* s'enfonce
 77   7 *for* de *read* des
 81   1 *for* fortirents *read* sortirent
 83   3 *for* le *read* les
 84   14 *for* j'amaflie *read* j'amasse.

www.ingramcontent.com/pod-product-compliance
Lightning Source LLC
LaVergne TN
LVHW061220060426
835508LV00014B/1380